목차

1. 독후감상문 쓰기

- 독서는 왜 할까요? ········· 4
- 독후감은 왜 써야할까요? ········· 7
- 독서감상문에 대해 알아봅시다 ········· 9
- 독서감상문 관련 단어 찾기 ········· 11
- 독서감상문 제목 정하기 ········· 12
- 독서감상문 제목 재미있게 써보기 ········· 13
- 독서감상문의 첫머리 ········· 14
- 첫머리 읽어 보기 ········· 16
- 독서감상문의 생각과 느낌 ① ········· 18
- 독서감상문의 생각과 느낌 ② ········· 19
- 독서감상문을 쓰면서 알게 되는 것 ········· 22

심청전 ········· 23

- <심청전> 내용 이해하기
- <심청전> 편지 형식으로 쓰는 독서감상문

마지막 잎새 ········· 30

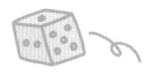

<마지막 잎새> 내용 이해하기

일기 형식으로 쓰는 독서감상문

유관순 ················· 37

6하원칙에 따라 '유관순' 내용 이해하기

유관순이 한 일을 중심으로 내용 이해하기

'유관순' 독서감상문 읽어보기

'유관순' 독서감상문 이해하기

피리부는 사나이 ················· 43

육하원칙으로 내용 정리하기

독서감상문 읽어보기

2. 다양한 독후감상문

로빈후드의 모험 ················· 52

벌거벗은 임금님 ················· 54

피노키오 ················· 56

신데렐라 ················· 58

허도령과 하회탈 ················· 60

어린 왕자 ················· 62

1. 독서감상문 쓰기

독서는 왜 할까요?

우리는 책을 왜 읽을까?

책은 말이지, 우리에게 학문과 지식을 넓혀줘. 그래서 지혜로운 사람이 되게 해 준단다. 책을 통해 교양을 쌓고 심신을 수양하게 해줘. 그럼 우린 도덕적인 사람이 되겠지?

책을 읽다 보면 나와 비슷한 주인공이 나오기도 해. 나와 같은 부분이 있으면 나는 내 생활에 즐거움도 느끼고 보람도 느낄 수 있어.

책을 읽으며 다양한 생각을 하면서 상상력을 풍부하게 해 주기도 해. 어려운 선택의 길목에 섰을 때는 바른길로 안내해 주기도 하지. 마치 친절한 스승처럼 말이야.

책은 이렇게 읽어 볼래?

어려서부터 책을 가까이하고, 책을 소중히 여기는 마음을 가졌으면 좋겠어. 그리고 계획을 세워봐.

"나는 매일 50쪽 되는 책을 1권씩 읽을 거야!"

이렇게 스스로 다짐을 해보는 거야.

꾸준히 읽는 것은 좋은 습관이야.

여러 가지 책을 골고루 읽으면 다양한 경험을 할 수 있어. 또 책을 읽을 때, 내가 책의 주인공이 될 수도 있지. 그러면서 나의 일상과 비교도 해봤으면 좋겠어.

눈이 나빠지지 않으려면, 밝은 곳에서 책을 읽어야 해. 그리고 책을 읽었다면, 부모님이나 친구에게 읽은 책에 관해 이야기해 주는 것도 좋아. 그러면 책이 점점 더 좋아질 거야.

그럼 어떤 책을 읽을지 골라볼까?

책은 자기 수준에 알맞은 내용의 책을 골라 읽으면 좋아. 그래야 읽기 편하거든. 그리고 학교 공부에 조금이라도 도움이 되는 책이면 더 좋을 것 같아.

또한 전문가가 쉽게 쓴 책도 좋고, 읽은 뒤에 오래도록 감동을 주는 책도 좋아. 우리 생활에 도움을 줄 수 있는 책도 괜찮지.

책을 고를 때 아주 중요한 것이 있어. 좋은 문장이 많은 책이 글쓰기 실력에 도움이 되거든. 수많은 활자 속에서 종이 위로 팔딱팔딱 뛰어다니는 활어(活語)처럼 말이지. 이런 책을 많이 읽으면 글쓰기 실력도 점점 좋아질 거야.

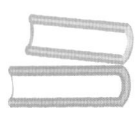

독서감상문이란?

책을 읽으면 누구나 새로운 지식을 얻게 되거나 뭉클한 감동을 받습니다. 이러한 지식, 감동, 느낌 등을 글로 적은 것을 '독서감상문'이라고 하고, 줄여서 '독후감'이라고 말합니다.

독후감은 왜 써야할까요?

독서는 인격 형성에 아주 커다란 역할을 합니다. 책에서 얻은 지식과 감동이 우리 생활에 젖어 들 때 독서의 진정한 가치가 제대로 나타납니다.

책을 읽는 것만으로 끝내지 않고 책에서 본 경험을 비판하고 반성한다면 내 삶을 더 가치 있고 행복하게 만들 수 있습니다.

독서감상문을 쓰면 좋은 점은 무엇이 있을까요?
첫째로 책을 정확하게 읽고 이해하게 됩니다. 글을 꼼꼼하게 읽기 때문에 읽는 과정을 통해 사고력과 추리력이 좋아집니다.

　둘째로 글쓰기 실력이 좋아집니다. 글의 줄거리와 주제를 생각하면서 글을 쓰기 때문에 문장을 요약하고, 정리하는 능력을 키울 수 있습니다.

　셋째로 비판적인 독서 태도를 가지게 합니다. 책을 읽은 뒤의 느낀 점, 의견, 인상 등을 자신의 생활이나 생각과 비교하기 때문에 올바른 사고 능력과 습관을 기를 수 있습니다.

 **독서감상문에 대해 알아봅시다**

1. 독서감상문이란 무엇인가요?

 책을 읽고 책의 내용과 자기 생각과 느낌을 쓴 글을 '독서감상문'이라고 합니다. 책을 읽으며 인상 깊었던 부분, 재미있었던 부분, 슬펐던 부분, 꼭 기억하고 싶은 부분 등 여러 가지 생각을 하게 됩니다. 이런 생각을 정리해서 쓰는 것이 바로 '독서감상문'입니다.

2. 독서감상문 구성

　① 제목 : 매력적인 단어로!
　　　　　　책 제목을 그대로 써도 됩니다.
　② 책을 읽은 동기
　③ 지은이
　④ 책의 내용
　⑤ 자기 경험과 관련된 생각과 느낌
　⑥ 책에서 얻은 교훈

3. 독서감상문 쓰기 전에 할 일

　① 책의 내용을 충분히 이해하기

　② 독서 기록을 남겨놓기

　③ 원고지 쓰는 법을 알고 맞게 쓰기

　　(띄어쓰기나 문장 부호 쓰기 등)

　④ 다 쓴 감상문은 다시 읽고 표현이나 구성 검토하기

　　(활어문장으로 바꾸어 쓰기)

　⑤ 독서기록장을 만들어 독서감상문 쓰는 것을 습관화하기

 ## 독서감상문 관련 단어 찾기

아래에서 '독서감상문'과 관련된 단어를 찾아 색칠하세요.

> 독서감상문 제목, 지은이, 책을 읽은 동기,
> 줄거리, 자기 생각과 느낌

선생님	책을 산 곳	책의 쪽수	자기 생각과 느낌	줄거리
학교	기후	독서감상문 제목	날씨	지은이
책을 읽은 동기	내 이름	그림	책 가격	책을 읽은 날짜

독서감상문 제목 정하기

① 책 이름을 그대로 쓴다.

② 재미있는 제목을 붙인다.

재미있는 제목이 있어요. 어울리는 책과 연결해 보세요.

사귀고 싶은 네 자매　·　　　　　·　<허도령과 하회탈>을 읽고

콩쥐를 도와준 고마운 두꺼비　·　　　　　·　<작은 아씨들>을 읽고

영원한 어린이의 등불　·　　　　　·　<콩쥐 팥쥐>를 읽고

하회탈에 숨은 이야기　·　　　　　·　<방정환>을 읽고

 **독서감상문 제목 재미있게 써보기**

책을 보고 매력적인 독서감상문 제목을 써볼까요?

① 방귀쟁이 며느리
  ▶ 핵 방귀 며느리

② 오즈의 마법사
  ▶ 도로시의 여행

③ 흥부 놀부
  ▶ _____

④ 아기 돼지 삼 형제
  ▶ _____

⑤ 선녀와 나무꾼
  ▶ _____

⑥ 마당을 나온 암탉
  ▶ _____

 독서감상문의 첫머리

사람도 첫인상이 중요하듯이 독서감상문도 첫 부분이 중요합니다. 책을 읽을 때 기억을 떠올려보면 쉽게 이해할 수 있습니다.

책을 읽을 때, 처음 몇 장을 읽어 보고 내용이 재미있을 때는 계속 읽습니다. 하지만 첫 부분이 재미없으면 책을 덮게 됩니다. 독서감상문도 마찬가지입니다. 그래서 독서감상문도 첫머리를 재미있게 적어야 합니다.

이제 독서감상문의 첫머리를 재미있게 써볼까요? 첫머리를 재미있게 쓰려면 생각을 많이 해야 합니다.

① 자기의 독서 습관 쓰기

▶ 책 나라로의 여행은 너무나 즐거운 일이에요. 한 글자 한 글자 눈에 담아봅니다.

▶ 나는 책 읽기가 아직 어렵지만 이 책은 한자리에서

다 읽었습니다.

② 책을 읽게 된 동기 쓰기

▶ 책 제목이 궁금했어요.

③ 중심 내용을 먼저 소개하기

▶ 3·1운동을 어떻게 했는지 자세하게 알 수 있습니다.

▶ 태극기가 어떻게 만들어졌는지 이번에 정확하게 알게 되었습니다.

④ 여러 가지 사건을 설명하기

▶ 허 도령은 홀로 탈을 만들기 시작했습니다.

 **첫머리 읽어 보기**

책의 첫머리를 읽어 보고 책의 제목을 보기에서 찾아 쓰세요.

세종대왕, 모래소금, 15소년 표류기, 다섯 알의 완두콩

독서의 즐거움

<   >을 읽고

아버지는 책을 꼭 선물해 주십니다. 책을 읽으면 나는 책 속의 주인공이 됩니다.
위인전을 읽으며 나도 이렇게 훌륭한 사람이 되어야지 하고 다짐을 하게 됩니다. 이번에는 세종대왕이 되었습니다.

작은 완두콩처럼

<   >을 읽고

다섯 알의 완두콩은 큰 꿈을 가지고 제각기 세상으로 나왔지만 마음대로 되지는 않았습니다.

<   >를 읽고

  내가 이 책을 읽게 된 동기는 단순히 책 이름이 궁금했기 때문이다. '표류기'란 뜻은 알 듯 모를 듯 어려운 말이다.
  첫 문장을 읽을 때부터 내 가슴은 콩닥콩닥 뛰었다. 화장실에 가야 되는 데도 가기가 싫고 그저 책만 보고 싶었다.

<   >을 읽고

  나는 이 책을 읽고 신기한 점이 많았고 배울 점도 많았습니다.
  지금은 흔하지만 아주 옛날에는 황금만큼 비싸고 귀한 것은 무엇일까요? 바로 소금입니다. 여만은 어물전에 버려진 모래 소금을 주워와 소금을 만들었습니다. 육지에서 만드는 소금이라 신기했습니다.

 **독서감상문의 생각과 느낌 ①**

　독서감상문에서 가장 중요한 것은 생각과 느낌을 잘 적는 것입니다. 첫머리 내용이 아무리 재미있어도 생각과 느낌을 적지 않았다면 어떨까요? 독서감상문 속에 생각과 느낌을 적지 않았다면, 독서감상문으로써 실패한 글이 됩니다.

　① 자기 생각 적기
　책에는 여러 이야기가 들어 있습니다. 사건을 더 재미있게 만들기 위해, 또는 사건을 해결하기 위해 여러 이야기를 넣습니다. 이런 이야기가 왜 나와야 했는지 생각하면서 자신의 의견을 적습니다.

　② 주인공의 훌륭한 점을 나와 비교하기
　만약 내가 주인공이라면 어떻게 했을지 생각하면서, 주인공의 생각과 행동에서 본받을 점을 찾아 적습니다.

독서감상문의 생각과 느낌 ②

㉮ 북풍과 해님

"저기 지나가는 나그네가 보이지? 내가 저 나그네 외투를 벗겨 버릴 테니 잘 보렴."

북풍이 해님에게 말을 걸자, 해님이 대답했다.

"내가 더 빨리 저 외투를 벗길 수 있을 것 같은데!"

둘은 내기를 했고 먼저 북풍이 바람을 불었다. 하지만 바람이 거세질수록 나그네는 외투를 더욱 바짝 여미는 것이었다.

이번에는 해님이 나섰다. 구름 뒤에 숨었던 해님은 따뜻하게 대지를 어루만졌다. 나그네의 얼굴에 미소가 번졌다. 그는 끈을 풀더니 외투를 열어젖혔다. 걷는 동안 햇볕이 점점 뜨거워지자 나그네는 마침내 외투를 벗었다.

"내가 내기에 이겼어."

㉯ 강함과 부드러움

　어머니께서 재미있는 책이라며 <이솝 우화>를 추천해 주셨다.

　북풍의 바람은 정말 강했다.
　북풍과 해님이 나그네의 외투 벗기기 내기를 했을 때 나는 북풍이 당연히 이길 거라고 생각했다. 그런데 이야기에서는 반대로 해님이 이겼다.
　아뿔싸!
　더울 때 외투를 벗는 것은 상상도 못 했다.
　부드러움이 강함을 이긴다고 어머니께 들은 기억이 떠올랐다.
　무슨 일이 있을 때 힘으로 하기보다는 대화와 설득이 더 좋은 결과가 나올 것 같다.

1. 두 개의 글 가운데 책을 읽고 난 뒤에 쓴 글은 무엇일까요?

2. 두 친구가 독서감상문에 대해 이야기하고 있어요. 누구의 말이 맞을까요?

독서감상문을 쓰면서 알게 되는 것

독서감상문을 보고 알게 된 부분을 찾아 연결해 보세요.

나는 <흥부놀부> 책의 흥부처럼 착한 일을 해서 상장을 받은 적 있다. • • 책의 내용처럼 나도 비슷한 경험이 있다.

<조선의 배이거리>에서 가온이는 가수저라(카스테라)를 만들기 힘들었지만, 끝까지 포기하지 않고 도전했다. • • 책을 읽고 새로운 단어를 알게 되었다.

'양반'이라는 단어는 고려와 조선시대의 지배 신분 계층이라는 것을 <조선왕조실록>을 보고 알게 되었다. • • 등장인물에 관한 생각과 느낌을 알 수 있다.

심청전

<심청전>에 대해 알아볼까요?

<심청전>은 구전소설입니다. '구전소설'이란, 입에서 입으로 전해져 내려오는 이야기입니다. 그래서 글을 쓴 사람이나 글을 쓴 시대를 알 수 없습니다.

황해도 황주 도화동에 사는 양반 심학규는 눈이 멀어서 앞을 볼 수 없습니다. 부부 사이에 자식이 없어서 걱정하다가 부처님께 기도를 드려 늦게 딸을 얻었습니다. 곽씨 부인은 심청이를 낳고 칠 일 만에 병을 얻어 세상을 떠났습니다. 심봉사는 젖동냥을 해서 심청이를 키웠습니다. 심청이는 열 살이 되면서부터 밥도 짓고 빨래도 하고 집안일을 도맡아 했습니다.

 어느 날, 딸을 마중나간 심 봉사가 물에 빠졌는데 몽은사 스님이 구해주었습니다. 그 스님은 부처님께 공양미 삼백 석을 시주하면 눈을 뜨게 된다는 말을 하였습니다. 심 봉사는 공양미 삼백 석을 몽은사에 시주하기로 약속했습니다. 심청은 후에 이 사실을 알고 공양미 삼백 석을 마련하기 위해 뱃사람들을 따라갔습니다. 심청은 제물이 되어 바다에 몸을 던졌습니다.

 선녀가 심청을 발견하고 용궁으로 데리고 갔습니다. 용왕님은 심청의 효심에 감동받아 연꽃에 넣어 인당수로 보냅니다. 뱃사람들이 돌아오는 길에 인당수에 떠 있는 연꽃을 발견해 왕에게 바칩니다. 왕은 연꽃 속의 심청이를 발견하고 새 왕비로 맞아들였습니다. 왕은 심청의 아버지를 찾기 위하여 장님 잔치를 열게 됩니다. 이 잔치에서 심청과 심 봉사는 만나게 되고 오래오래 행복하게 살았습니다.

<심청전> 내용 이해하기

1. 중심 단어를 연결해서 심청전의 앞부분 이야기를 요약해보세요.

> 심봉사, 심청이, 젖동냥, 공양미 삼백 석, 뱃사람, 제물

> 심봉사는 아내가 죽자 심청이를 (   )을 해가며 키웠고 심청이는 아버지를 봉양하며 살았다. 심봉사는 (   )을 시주하면 눈을 뜰 수 있다는 말을 듣고 시주를 약속하였다. 심청이는 아버지의 눈을 뜨게 하려고 뱃사람에게 (   )이 되기로 한다.

2. <심청전>에 대한 설명이 맞는 것에 O, 틀리면 X하세요.

▶ 심청전은 글을 쓴 사람과 연대를 알 수 없는 옛날 이야기이다.

(   )

▶ 심청전은 임금님에 대한 충성에 대한 이야기이다.

(   )

▶ 용왕님은 심청이의 효심에 감동했다.

(   )

 ## <심청전> 편지 형식으로 쓰는 독서감상문

부르는 말	눈을 뜨고 싶어 했던 심청이 아버지께
첫인사와 안부	안녕하세요? 지금은 눈도 뜨시고 왕비가 된 심청이의 효도를 받으며 잘 지내고 계시지요?
하고 싶은 말	공양미 삼백 석을 시주하면 눈을 뜰 수 있다는 스님의 말을 들었을 때 정말 기쁘셨지요? 그래서 별생각 없이 기쁜 마음으로 몽은사에 시주를 약속하셨을 거예요. 그런데 저는 거기서 의문이 생겼어요. 가난한 사람인데 어떻게 덜컥 쌀 삼백 석을 시주한다고 할까? 그리고 어떻게 쌀을 마련할까 하고 말이에요.
하고 싶은 말	
끝인사	지금은 행복하게 잘 살고 계시니까 참 다행한 일이에요. 행복하게 잘 지내세요.
이름	

 **<심청전> 편지 형식으로 쓰는 독서감상문**

심청이에게

안녕?

산은 이제 알록달록 예쁜 옷으로 갈아입었어. 너희 동네는 어때?

너는 아버지가 장님이셔서 네가 대신 일하면서 힘들게 살아야 했지. 그런데도 계속 열심히 노력하며 살아가는 모습에 감탄했어. 나라면 놀고 싶은 마음에 집을 꾸려나가기 위해 열심히 일하지 못했을 것 같아. 아직 어린데도 힘든 일, 쉬운 일 가리지 않고 계속 한다는 것이 정말 대단한 것 같아.

착한 네가 잘못한 점이 한 가지 있어. 바로 인당수에 몸을 던진 일이야. 너의 효심과 용기는 대단했지만, 네가 인당수에 몸을 던진 뒤 아버지가 어떻게 될지 생각해봤니?

우선 공양미 삼백 석에 눈이 뜬다는 확실한 보장도 없는데 그토록 쉽게 목숨을 버리다니! 이 일은 잘못한 일이라고 생각해. 만약에 앞이 보인다고 해도 딸을 잃은 슬픔으로 잘 살아갈 수 있을까?

 자식으로서 가장 큰 효도는 우리가 언제나 건강한 모습으로 부모님 곁에 있는 것이 아닐까?

 평소 어머니께서 "심부름 좀 할래?" 하시면 하기 싫어서 숙제 핑계를 댔지만, 이제부터는 너처럼 부모님 말씀에 잘 따르는 내가 될 거야.

 그럼 안녕.

지우가

1. 심청전에 대한 내용이 알맞은 것을 고르세요.

   ① 입에서 입으로 전해 내려오는 구전소설이다.

   ② 심청이의 어머니는 집안 살림을 잘하신다.

   ③ 심청이 아버지는 다리가 불편하셔서 물에 빠졌다.

   ④ 스님에게 공양미 삼백 석을 시주하면 복을 받는다고 했다.

   ⑤ 심청이는 인당수에 빠졌지만, 수영을 잘해서 살아났다.

2. 위의 독서감상문은 어떤 형식으로 되어있을까요?

　① 기행문 형식

　② 동시 형식

　③ 일기 형식

　④ 그림 형식

　⑤ 편지 형식

3. 심청이는 효심이 깊었습니다. 우리가 할 수 있는 효도는 무엇이 있을까요? 또 직접 실천해본 느낌이 어땠는지 적어보세요.

_____

_____

_____

_____

마지막 잎새

<마지막 잎새>에 대해 알아볼까요?

워싱턴 광장의 한 허름한 벽돌 지붕 꼭대기에 화가 존시와 수가 살고 있었습니다. 둘은 친한 친구였습니다.

존시는 폐렴을 앓고 있었습니다. 존시는 창문 너머로 보이는 담쟁이덩굴 잎이 다 떨어질 때 자신도 하늘나라로 갈 것이라 말했습니다. 수는 존시에게 곧 나을 수 있다고 격려했지만, 존시의 병은 날이 갈수록 더 나빠졌습니다.

아래층에는 화가 배어만 할아버지가 살았습니다.

배어만 할아버지는 유명한 그림을 그리고 싶었지만, 서툰 그림 몇 장만 그렸을 뿐입니다. 배어만 할아버지는 존시의 이야기를 듣고 눈물을 뚝뚝 흘리며 슬퍼하였습니다.

그날 밤 비바람이 거세게 불었습니다. 담쟁이덩굴 잎이 모조리 떨어질 것 같은 강한 바람이었습니다.

다음날, 창밖에 마지막 남은 잎새 하나가 비바람에도 떨어지지 않았다는 것을 보았습니다. 하루, 이틀이 지나도 잎새는 모진 비바람에 씩씩하게 견뎌냈습니다. 존시는 꿋꿋하게 견뎌낸 마지막 잎새를 보며 삶의 희망을 품었고, 병도 이겨내었습니다.

 배어만 할아버지가 아파서 죽었다는 소식을 존시와 수가 알게 되었습니다.

 사실, 배어만 할아버지는 비바람을 맞으며 잎새 하나를 벽에 그렸습니다. 존시와 수는 벽에 남은 마지막 잎새를 보며 배어만 할아버지의 마음을 알게되었습니다. 존시와 수는 깊이 감동하여 눈물을 글썽거렸습니다.

<마지막 잎새> 내용 이해하기

<마지막 잎새>에 대해 알아볼까요?

1. 이야기에 등장하는 사람의 이름을 모두 쓰세요.

(   )   (   )   (   )

2. 빈 칸에 들어갈 공통된 말을 보기에서 찾아보세요.

<보기> 마지막 잎새, 마지막 사과, 마지막 단풍잎

┌─────────┐
│   │ 가 거센 비바람에도 떨어지지 않은 것을 보
└─────────┘
고 존시는 삶의 희망을 갖게 되었습니다.

┌─────────┐
│   │ 는 베어만 할아버지께서 그리신 것이다.
└─────────┘

 **<마지막 잎새> 일기 형식으로 쓰는 독서감상문**

9월 25일

날씨: 단풍잎과 은행잎이 반짝반짝 빛나는 날

마지막 잎새를 읽고

오 헨리가 지은 유명한 작품 '마지막 잎새'를 읽었다.

가을이 올 때 나뭇가지에 조금 남은 낙엽을 보게 되면 누구나 오 헨리의 '마지막 잎새'를 생각할 것이다.

병과 싸우느라 몸도 마음도 약해진 친구를 극진히 간호하는 수의 우정은 눈물겹다.

폐렴에 걸린 존시는 담쟁이덩굴 잎새가 다 떨어지면 자신도 죽을 것이라 했다.

어느 날 비바람이 휘몰아쳤지만, 마지막 남은 잎새는 떨어지지 않았다. 모진 비바람에도 굳건히 달린 잎을 보고 존시는 삶의 희망을 품게 되었다. 나뭇가지에 달린 하찮은 잎이 한 사람에게 용기와 희망을 심어 주었다니 참으로 놀랍다.

하지만 이 잎새는 화가인 베어만 할아버지께서 그린 것임이 밝혀지자 나는 한참 동안 멍하니 앉아 있어야만 했다. 베어만 노인의 이웃을 사랑하는 마음이 나를 감동시켰다.

잎새는 존시의 목숨을 살리고 베어만 할아버지의 목숨을 빼앗아 갔다. 잎새가 진짜였다면, 존시도 살고, 베어만 할아버지도 살았을 텐데 안타깝다.

할아버지께서 돌아가셨다는 부분에서 나도 모르게 울컥하며 눈에 이슬이 맺혔다.

'마지막 잎새'는 비록 소설이지만 나에게 교훈을 안겨주었다. 하찮은 것의 소중함, 생명의 귀중함, 남을 위하는 마음이 어떤 것인지 알게 해준 책이었다.

이 책을 읽고 나니 나의 지난 생활이 떠올랐다. 나 자신만을 위해 살았던 것을 반성하였다.

남의 상황을 이해하고 사랑할 줄 아는 사람이 되어야겠다고 마음먹었다. 또한 우리 모두 서로를 위할 줄 아는 밝은 사회를 만들기 위해 노력해야겠다는 생각이 들었다.

1. 베어만 할아버지는 왜 마지막 잎새를 그렸을까요?

　① 나뭇잎을 그려 벽을 꾸미고 싶어서

　② 이웃을 사랑하는 마음으로

　③ 수의 부탁으로

　④ 자신의 실력을 뽐내고 싶어서

　⑤ 벽이 지저분해서

2. 존시도 살고 베어만 할아버지도 사는 방법은 무엇이 있을까요?

_____

_____

_____

3. "할아버지께서 돌아가셨다는 부분에서 나도 모르게 울컥하며 눈에 이슬이 맺혔다." 문장을 <활어 사전>의 분류에서 골라보세요.

　① 말하다　　② 듣다　　③ 보다

　④ 기쁘다/즐겁다/행복하다　　⑤ 슬프다

4.<마지막 잎새>에서 나는 어떤 교훈을 배웠는지 찾아 써보세요.

_____

_____

_____

_____

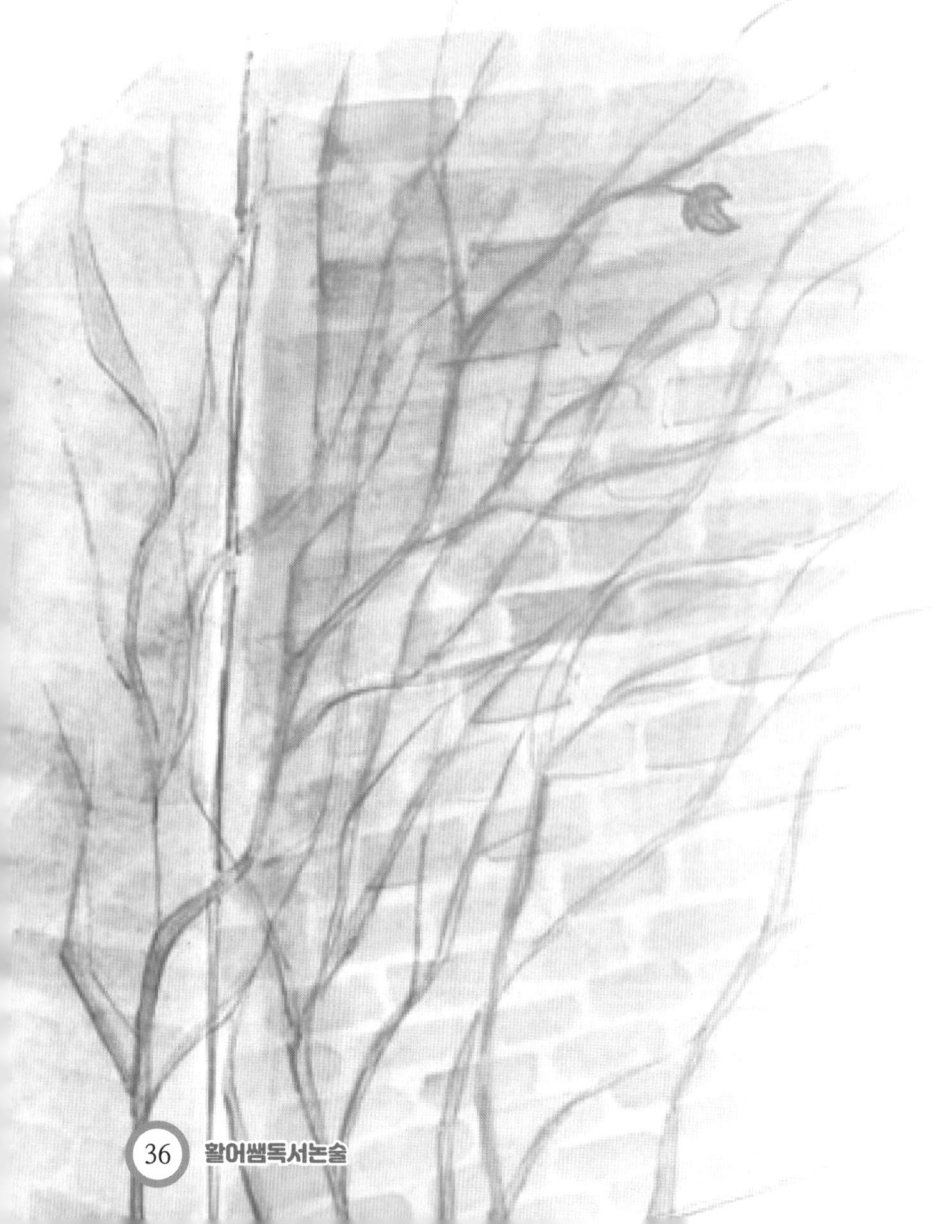

유관순

유관순에 대해 알아볼까요?

　유관순은 1902년 음력 3월 15일, 충청남도 천안의 지령마을에서 태어났습니다. 신학문을 배워야 한다는 아버지의 뜻을 따라 13살인 1916년 이화학당에 입학하였습니다.

　1919년 3월 1일, 3·1운동이 일어나자 유관순은 학생들과 만세 운동을 했습니다. 이로 인해 이화학당이 휴교를 하자, 유관순은 고향으로 내려갔습니다. 유관순은 천안, 연기, 청주, 진천 등지의 학교와 교회 등을 방문하여 만세 운동을 하기 위해 계획을 세웠습니다.

　음력 3월 1일에 아우내 장터에서 만세 운동을 벌이기로 하였습니다. 2월 그믐날 밤에 매봉산에 올라가 횃불을 밝혀 각 마을에 신호를 보냈습니다. 음력 3월 1일 정오에 유관순은 장터에 모인 군중에게 태극기를 나누어 주며 앞장서서 "대한 독립 만세!"를 소리 높여 외쳤습니다. 이때에 유관순은 일본 헌병에게 잡혔습니다.

유관순은 재판에서 3년 형을 선고받고 서울 서대문형무소로 옮겨졌습니다. 서울 법정에서 재판받던 중 "너희 조선이 독립을 할 수 있을 것 같으냐?"라는 검사의 말에 의자를 집어 던졌습니다. 유관순은 법정 모독죄가 추가되어 7년 형을 선고받았습니다. 이듬해 3월1일, 감옥 안에서도 동지와 비밀리에 연락하며 "대한 독립 만세!"를 외쳤습니다.

1920년, 모진 고문과 병에 시달리며 병마에 시달린 유관순은 꽃다운 열일곱의 나이로 감옥에서 순국하였습니다.

6하원칙에 따라 '유관순' 내용 이해하기

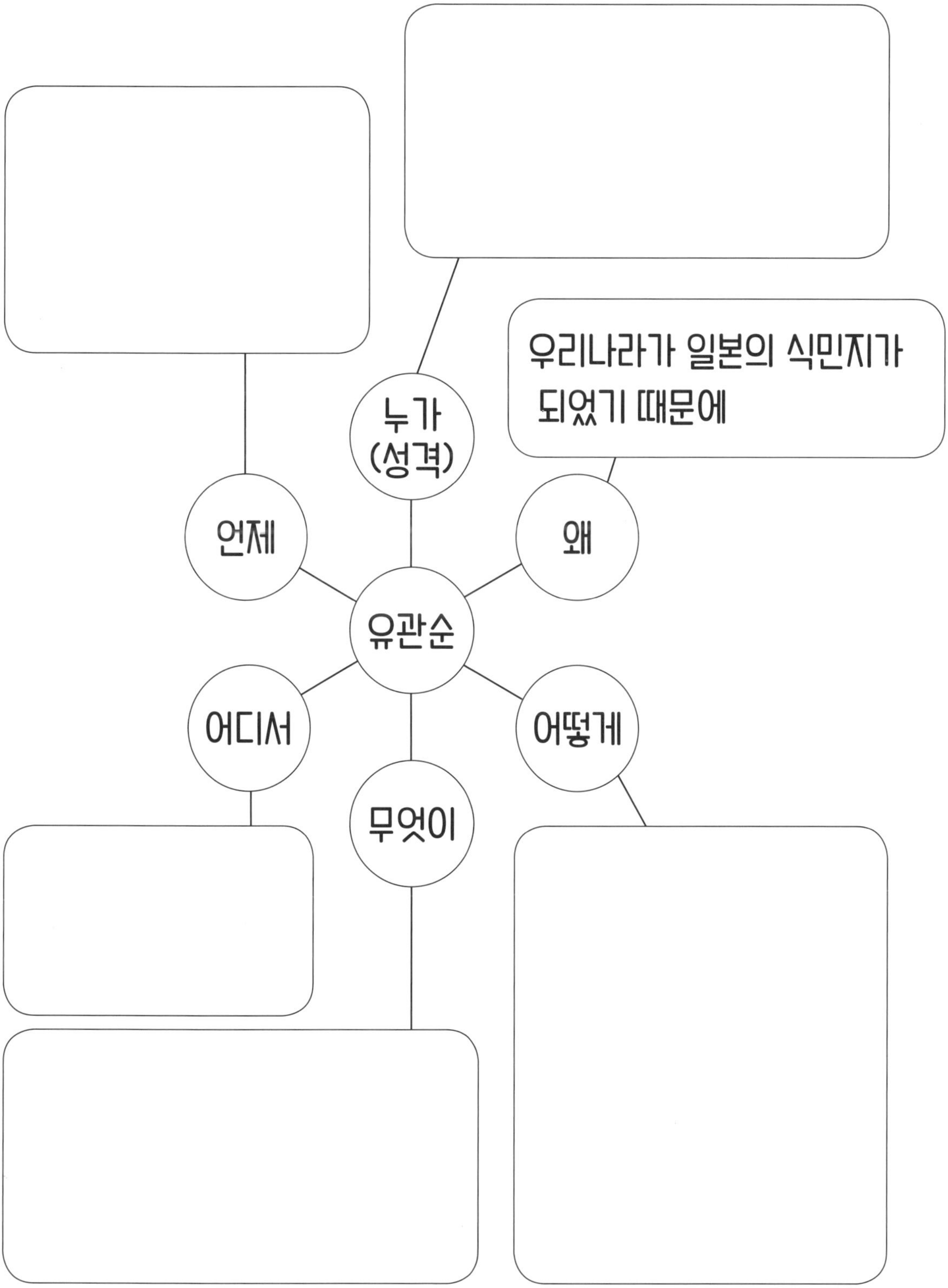

- 누가 (성격)
- 언제
- 어디서
- 무엇이
- 어떻게
- 왜: 우리나라가 일본의 식민지가 되었기 때문에

유관순

 **유관순이 한 일을 중심으로 내용 이해하기**

① 1902년 3월 15일 (　　　　)에서 태어났다.

② 1916년 이화학당에 입학한 후 고향에서 글을 가르쳤다.

③ 양력 1919년 3월 1일 (　　　) 공원에서 만세를 불렀다.

④ 음력 1919년 3월 1일 (　　　) 장터에서 독립 만세를 외쳤다.

⑤ 1919년 감옥에 갇혔다.

⑥ 1920년, (　　　)세 감옥에서 숨을 거두었다.

 **'유관순' 독서감상문 읽어보기**

일제시대의 모습을 상상하며

<유관순>을 읽고

 나는 유관순 위인전을 읽고 나서 눈물이 그렁그렁 맺혔다. 마음이 아팠다. 왜 우리는 일본에게 나라를 빼앗겨 유관순처럼 어린 여학생이 감옥에서 죽도록 만들었을까? 이순신 장군처럼 일본군을 물리쳐 버렸으면 유관순이 죽는 일은 벌어지지 않았을 것이다.

 유관순은 어린 나이였지만 뜻있는 일을 하는 훌륭한 학생이었다. 나는 내 할 일도 제대로 못 하는 것이 부끄럽게 느껴졌다. 그래서 나도 남을 위할 줄 알고 뜻이 있는 일을 할 수 있는 사람이 되어야겠다고 다짐했다.

 3.1 운동이 일어나자 유관순은 고향으로 가서 친한 친구들과 만세 운동에 참여했다. 음력 3월 1일 아우내 장터에 모인 수천 명의 사람이 대한 독립 만세를 외쳤다.

 어린 유관순이 용감하게 앞장섰기 때문에 모두 힘이 솟았을 것 같다. 나도 유관순처럼 앞장서서 만세를 외칠 수 있었을까? 유관순의 용기를 본받고 싶다. 멋진 유관순에게 큰 손뼉을 쳐주고 싶다.

 '유관순' 독서감상문 이해하기

1. 유관순에 대해 떠오르는 것이 있다면 모두 써보세요.

   예) 선비 집안, 삼일절

   _____

   _____

   _____

2. 나는 <유관순>을 읽고 왜 눈물이 그렁그렁 맺혔을까요? 그 이유를 찾아 글에서 밑줄 그어 보세요.

3. 유관순은 어렸지만, 뜻있는 일을 하는 훌륭한 학생이었다. 나는 어떤 일을 잘할 수 있을까요? 내가 잘할 수 있는 일을 써보세요.

   예) 문제집 풀기, 엄마 심부름하기, 스스로 일어나기 등

   _____

   _____

 피리 부는 사나이

<피리 부는 사나이>에 대해 알아볼까요?

옛날 독일 하멜른이라는 작은 도시에서 있었던 일입니다.

어느 날부터 쥐 떼가 마을에 몰려들었습니다. 사람들이 쥐덫을 놓고 고양이를 길러 쥐를 잡으려 하였지만, 소용이 없었습니다. 마침내 시장과 시의원들은 쥐 떼를 쫓아 주는 사람에게 많은 사례금을 준다는 공고문을 써서 붙여 놓았습니다.

이 소식을 들은 한 사나이가 와서 쥐 떼를 쫓아 주겠다고 하였습니다. 시장이 사례금을 준다고 약속하자 피리를 든 사나이는 시내 한복판에서 피리를 불기 시작했습니다. 그러자 숨어있던 쥐들이 피리 소리에 홀린 듯 춤을 추면서 사나이의 뒤를 따라가 강물 속으로 뛰어들었습니다. 저녁이 되자 시내에는 쥐가 한 마리도 보이지 않게 되었습니다.

사나이는 시장에게 약속한 사례금을 달라고 하였습니다. 그러나 시장은 아까운 생각이 들어 사례금을 줄 수 없다고 하였습니다. 피리 부는 사나이는 화를 내고 돌아갔습니다. 그러고는 일요일 아침에 다시 시내에 나타났습니다. 사나이가 피리를 불기 시작하였습니다. 시내에 있던 모든 아이가 그 피리 소리에 홀린 듯이 피리 부는 사나이의 뒤를 따라 나서서 어디론가 가 버렸습니다. 그 후, 피리 부는 사나이와 아이들의 모습은 찾아볼 수 없었습니다.

피리 부는 사나이의 내용을 보고 직접 그림을 그리고 이야기를 완성해 보세요.

독일의 (　　　)이란 도시에 쥐 떼가 나타났다.

시장은 쥐 떼를 몰아내 주는 사람에게 (　　　)을 주겠다는 공고문을 붙였다.

피리 부는 사나이가 피리를 불어서 쥐떼를 (　　　)에 빠뜨렸다.

시장이 돈을 줄 수 없다고 하자 피리 부는 사나이는 (　　　)을 데리고 사라져 버렸다.

 **<피리 부는 사나이>를 육하원칙으로 내용 정리하기**

1. 밑줄 친 곳에 알맞은 이야기를 완성하여 보세요.

언제 (일어난 일인가요?)	옛날
어디에서 (일어난 일인가요?)	독일의 ( )
누가 (한 일인가요?)	시장, 피리 부는 사나이, 도시의 아이들
무엇을 (하였나요?)	마을에 나타난 쥐떼를 피리 부는 사나이가 없애버렸습니다.
어떻게 (되었나요?)	피리 부는 사나이가 피리를 불어 쥐떼가 스스로 _____ _____ _____
왜(그랬나요?)	쥐를 없애주면 _____ _____ 하겠다고 약속했기 때문입니다.

2. 이야기의 원인과 결과를 생각해보고 알맞은 짝을 연결하세요.

원인	결과
1) 어느 날 마을에 쥐 떼가 나타났다. •	• 사나이는 화가 많이 났다.
2) 시장이 쥐를 없애는 사람에게 사례금을 약속하였다. •	• 쥐 떼가 사라졌다.
3) 시장은 사례금을 주지 않았다. •	• 마을 사람은 큰 손해를 입었다.
4) 사나이는 다시 피리를 불었다. •	• 마을의 어린이들이 사라졌다.

3. 시장님은 왜 약속을 지키지 않았나요? 맞으면 O, 틀리면 X 하세요.

막상 사례금을 주려고 하니 돈이 아까웠다. （ ）

지금은 쥐가 없어졌으니 사례금을 줄 필요가 없다는 생각이 들었다. （ ）

쥐 때문에 마을의 사람이 다른 마을로 떠났다. （ ）

사례금을 주려고 하니 마을에 돈이 없었다. （ ）

 **'피리 부는 사나이' 독서감상문 읽어보기**

피리 부는 사나이

피리 하나

손에 쥐면

내 마음대로

쫄래쫄래

삘릴리 삘릴리

피리 소리에

생쥐도 쫄래쫄래

삘릴리 삘릴리

피리 소리에

아이들도 쫄래쫄래

피리 하나

손에 쥐고

이번에는 어디로 가볼까?

1. 위의 독서감상문은 어떤 형식인가요?

① 일기 형식   ② 산문 형식   ③ 동시 형식

④ 편지 형식   ⑤ 그림 형식

2. <피리 부는 사나이> 독서 감상문에서 어떤 재미난 표현이 있을까요?

　· 피리 소리 표현 : _____

　_____

　· 따라가는 모습 표현 : _____

　_____

3. <피리 부는 사나이>의 이야기와 비슷한 속담은 무엇이 있을까요?

　① 소 잃고 외양간 고친다.

　② 세 살 버릇 여든까지 간다.

　③ 화장실 갈 때 마음 다르고 올 때 마음 다르다.

　④ 어물전 망신은 꼴뚜기가 시킨다.

　⑤ 누워서 침 뱉기.

2. 다양한 독후감상문

 **여러 형식의 독서감상문 읽어보기 ①**

세상의 나쁜 사람이 얼마나 많을까?
<로빈 후드의 모험>을 읽고

나는 책만 보면 잠을 자는 나쁜 버릇이 있다. 그래서 어떤 책이든 끝까지 읽지 못하고 중간에서 덮어 버린다.

나의 이런 습관을 본 어머니께서 "넌 책의 선택이 나빠서 그래." 하시면서 나에게 이 책을 선물로 한 권 사주셨다.

"아마 이 책은 끝까지 읽지 않을 수가 없을 게다."라고 말씀하시며 윙크하셨다. 나는 그래도 믿지 않았다. 책을 읽다 중간에 그만둔 일이 한두 번이 아니기 때문이었다. 그래도 어머니께서 권해주신 책이니 이 책은 무슨 일이 있어도 끝까지 읽고 싶은 마음이 생겼다.

처음에는 보잘것없는 듯한 초라한 모습의 로빈이었지만, 로빈 후드는 차츰차츰 내 마음에 쏙 들어왔다. 로빈은 도둑이 되없지만, 보통 도둑과는 너무 달랐다. 나쁜 사람에게 돈을 빼앗아 좋은 곳에 사용하는 로빈은 '홍길동'과 비슷했다.

 로빈은 활 솜씨 또한 정말 놀라웠다. 거기에다가 마음씨도 정말 따뜻한 무사였다.

 불쌍한 기사의 사정을 알게 된 그는 돈을 빼앗는 것이 아니라 도리어 돈을 빌려 주기도 했다. 이럴 땐, 정말 도둑이라고는 부를 수 없을 것 같다.

 멋진 생김새와 고마운 마음씨는 우리 아빠보다도 더 훌륭한 것 같았다. 나도 이런 따뜻한 마음씨를 본받고 싶다.

 ## 여러 형식의 독서감상문 읽어보기 ②

어떻게 생긴 임금님일까?

<벌거벗은 임금님>을 읽고

임금님!

임금님은 남자이신 데 너무나 멋을 부리셨던 것 같아요.

저의 할머니께서는 제가 옷 때문에 까탈을 부리면 "우리 지환이는 미남이고, 마음이 착해서 무엇을 입어도 옷걸이가 좋아서 멋져요. 못난이가 좋은 옷, 값비싼 옷을 찾지." 하십니다.

전 임금님의 얼굴이 보고 싶어요. 어떻게 생긴 임금님인지 자꾸 궁금해져요.

"이 옷은 마음이 나쁘거나 어리석은 사람에게는 안 보이는 것입니다."

아무리 거짓말쟁이 옷감 장수가 말을 해도 이 세상에 그런 옷이 어디에 있습니까?

옷감을 다 짠 다음에 아무런 감각도 못 느끼며 옷을 입은 척

하시던 임금님 행동은 솔직하지 못해요.

 우리 선생님은 사람은 항상 거울같이 밝고 솔직해야 한다고 하십니다.

 임금님은 우리 할머니, 우리 선생님 같은 훌륭한 분을 하나도 보지 못하셨나 봅니다. 그러고 보니 전 참 행복합니다. 훌륭하신 분이 항상 저를 일깨워 주시니 말입니다.

 이 책을 읽기 전, 임금님이라고 하면 참으로 부러워했어요. 그런데 지금은 아닙니다. 임금님께서 정말 용기 있는 분이셨다면, "이 옷감 아무것도 아니지 않느냐!"하고 벌을 줬다면 참 좋았을 텐데.

 임금님 주위에 용기 있고 정직한 사람이 어린이뿐이군요. 멋 부리는 임금님 말고, 신하와 백성의 말에 말에 귀 기울이는 임금님이 되어주세요.

 **여러 형식의 독서감상문 읽어보기 ③**

이탈리아에 사시는 콜로디 할아버지께
'피노키오'를 읽고

이탈리아에 사시는 콜로디 할아버지께

할아버지께서 지으신 <피노키오>란 책을 무척 재미있게 읽었어요. 선생님 말씀이, 할아버지는 온 세계 어린이가 즐겨 읽고 꿈을 키울 수 있는 이야기를 지으셨다고 아주 훌륭한 할아버지라고 이야기해 주셨어요.

저는 선생님 말씀을 듣고 <피노키오>를 읽어보니 "정말 할아버지는 저희같이 말 안 듣고 정신없이 놀기 좋아하는 개구쟁이에게 좋은 선물을 주셨구나."하고, 고마운 생각이 들었어요.

할아버지!

할아버지는 <피노키오>를 쓰실 때, 어쩌면 저를 두고 쓰신 것이 아닐까? 하는 생각이 들었어요. 저의 엄마, 아빠 말씀이, "너는 착한 아이 같으면서도 가끔가다가 부모님 마음을 슬프게 하는 개구쟁이 같다."하고 말씀하시거든요. 저는 그 말씀을 들을 때마다 아무 말도 못 하고, '왜 또 엄마, 아빠 말씀을 안 들었을까?'하고 슬퍼지기도 해요. 하지만 나도 모르게 자꾸

짜증을 내기도 합니다.
 그런데 <피노키오>를 읽고 피노키오처럼 거짓말을 하는 아이도 착한 아이가 될 수 있다는 용기와 자신감이 생겼습니다.
 콜로디 할아버지!
 지금 제가 잘못했던 일을 말씀드리니깐 부끄럽지만, 한편으로는 기분이 매우 좋습니다. 저도 피노키오처럼 착하고 귀여우며, 엄마 아빠 말씀과 동네 어른의 말씀을 잘 듣고 슬픈 일에 눈물을 흘리는 아이가 될 수 있을 것 같아요.
 그리고 제가 커서 어른이 되면 못된 아이를 꾸중하지 않고, 할아버지께서 제게 선물하신 <피노키오> 책을 읽어보라고 이야기할 거예요. 저 같은 개구쟁이 아이도 피노키오가 상어 배 속에서 아버지를 만나는 장면, 선녀님을 만나 부둥켜안고 우는 장면, 열심히 일하여 선녀님을 낫게 하려고 귀뚜라미에게 약을 보내는 장면을 읽을 때는 저도 모르게 눈물이 나오려고 했어요. 생각할수록 할아버지는 좋은 이야기를 지으셨다는 생각이 들었어요.
 할아버지 우리를 위해 좋은 이야기 많이 지으시고 오래오래 사세요. 그럼 안녕히 계십시오.

콜로디 할아버지께 올림

 **여러 형식의 독서감상문 읽어보기 ④**

행복을 되찾은 소녀

'신데렐라'를 읽고

신데렐라에게!

신데렐라야 안녕! 너의 마음씨는 너무 착하구나. 너는 어릴 때 부모님의 사랑을 받으며 행복하게 살다가 어머니가 돌아가시고 계모와 살게 되었지. 계모는 딸을 둘 데리고 왔어. 계모와 두 언니는 심술쟁이였지. 그때부터 너의 고생이 시작되었고 나는 슬퍼서 눈물이 났어.

너는 어떻게 계모의 구박을 받으면서 꾹 참고 살았니? 나였다면 못 참았을 거야. 너는 묵묵히 시키는 일을 해내더라.

왕국의 파티에 못 가게 되었을 때는 안타까웠어. 요정이 너를 도와주었을 때는 내 얼굴은 꽃처럼 환해졌어. 웃음이 히죽히죽 나왔어.

도마뱀 마부가 모는 호박마차라니 환상적이야! 나도 멋지게 옷을 차려입고 같이 타고 가고 싶었지.

 12시가 되니 요술의 힘이 사라졌어. 열두 시가 되어 계단을 급히 내려오면서 잊어버렸던 신발 한 짝. 이 신발이 딱 맞는 아가씨가 있으면 데리고 오라고 했을 때 그 왕자님이 참 슬기롭다고 생각했어.

 왕자님의 심부름으로 온 신하가 너희 집에 도착했을 때 너도 부탁하여 신발을 신었지. 딱 맞았어. 신발의 주인이거든. 신하는 너를 데리고 궁전에 갔지. 너는 지금까지 있었던 일을 왕자님께 모두 말해주었지. 그러고는 예쁘게 화장하고 왕자님과 결혼을 하고 행복하게 살았지. 너의 행복을 되찾은 것이 참으로 기뻤어.

 나도 이제부터는 너의 행동을 본받아 부모님께는 귀엽고 착한 아이가 되고, 친구에게는 더욱 다정하고 마음씨가 좋은 어린이가 되고 싶어. 이런 마음을 깨우쳐 준 너에게 정말 감사하게 생각해. 고마워.

여러 형식의 독서감상문 읽어보기 ⑤

'허도령과 하회탈'을 읽고

이 이야기는 안동에서 내려오는 전설을 바탕으로 썼다고 한다. 책 표지 그림을 봤는데 참 우스꽝스러웠다. 표지 그림은 주지였다. 주지는 날짐승과 들짐승, 물고기의 모습을 하고 있다.

물도리마을에 홍수가 났다. 물난리는 주지가 만들어낸 것이었다. 마을의 수호신 장승 할아비는 마을 사람 꿈에 나타나 비를 멈추려면 탈을 만들고 굿을 지내야 한다고 알려주었다.

허도령이 탈을 만들겠다고 나섰다. 하지만 탈을 한 번도 만들어보지 못한 사람이라 제대로 만들 수 있을까? 걱정되었다.

문제는 탈을 만드는 동안 아무도 마주치지 않아야 했다. 누군가와 눈이 마주친다면 그 자리에서 피를 토하고 죽게 된다고 했다. 무시무시한 조건을 듣게 되니 심장이 콩콩 뛰었다.

탈이 하나둘 완성되기 시작했다. 허도령이 탈을 만들어두면 하루 사이에 살짝 탈 모양이 바뀌어있었다. 산신령님이 영혼을 불어넣어 주는 것처럼 느껴졌다.

허도령을 짝사랑하는 선영낭자는 매일 도시락을 준비해 허

도령 집 앞에 몰래 갖다 놓았다. 허 도령이 그 사실을 알고 두근대는 마음으로 선영낭자를 닮은 각시탈을 만들고 자신을 똑 닮은 이매탈을 만들었다. 턱을 만들고 있을 때였다.

 허 도령을 걱정하던 선영낭자가 불쑥 방에 들어가게 되고 둘은 눈이 마주치게 되어 허 도령이 죽게 되었다. 선영낭자도 허 도령을 따라 죽었다.

 둘이 잘 되길 빌었는데 안타까웠다. 걱정되어도 하루만 더 기다렸다면 좋았을 텐데. 이후 마을 사람은 두 남녀를 보게 되고 혼례를 치러주고 굿을 하게 되어 물도리마을은 주지가 한 번도 나타나지 않게 되었다.

 이 책을 한자리에서 단숨에 읽었다. 한눈 한 번 팔지 않고 읽은 것은 처음이다. 안동에 놀러 갈 때마다 안동찜닭만 먹고 왔는데 이런 옛이야기가 있다니 놀라웠다. 그래서 안동하회마을인가보다. 하회탈이 입구에 딱 걸려있으니 말이다.

 남을 위해 자신을 희생하는 허 도령을 보니 꼭 소방관 아저씨 같다는 생각이 들었다. 그리고 사랑하는 사람을 따라가는 선영 낭자도 대단해 보였다.

 허 도령과 선영 낭자는 하늘나라에서 행복하겠지?

 **여러 형식의 독서감상문 읽어보기 ❻**

순수한 마음을 가진 어린왕자

-'어린 왕자'를 읽고

'어린 왕자'는 참으로 아름답고 순수한 이야기이다.

이 책을 읽으면 누구나 어린 왕자의 고운 마음씨에 감동할 것이다. '어린 왕자'를 읽고 있으면 나도 모르게 어느새 어린 왕자의 친구가 되어 버린다.

즐거운 일도, 슬픈 일도, 모두 순수한 마음을 간직한 어린 왕자.

그러나 때로는 자기의 생각만을 옳다고 생각할 수 있다. 누구라도 착한 사람만이 될 수 없기 때문이다.

이 책을 지은 지은이 생텍쥐베리는 자신이 실종되기 전에 이 작품을 유태인 친구 레옹 베르트에게 바쳤다.

이 책에는 귀중한 내용이 담겨 있다. 얼핏 보기에는 단순한 동화 같지만, 이야기 하나하나 속에서 재미 이상의 내용이 들어 있다.

어린 왕자가 자기 별에서 단 한 송이뿐인 꽃과 싸우고 왔다는 것을 보면 아직은 어려서 그렇다고 할 수도 있고, 자칫하면 잘

삐치는 아이라고 볼 수도 있다.

 여섯 개의 별을 돌아다니면서 명령만 좋아하는 임금님도 만나고, 거드름 피우기 좋아하는 사나이, 술 마시는 것이 부끄러워 술을 마신다는 술주정뱅이, 셈하는 것밖에 모르고 부자가 되는 것이 소원인 실업인, 1분마다 밤과 낮이 바뀌는 작은 별에서 1분마다 가로등 불을 켰다 껐다 하는 인부와 탐험가의 말을 기록만 하는 지리학자를 만났다. 그 후, 지구별에 왔다.

 그런데 나는 여행을 많이 해 본 어린 왕자가 부러웠다. 나도 별나라 여행을 해 보고 싶다.

 "가장 중요한 것은 눈이 아닌 마음으로 보아야 한다."고 말한 여우도 꼭 만나보고 싶다. 언제나 고집만 부리는 못된 아이였지만, 이제 이 책의 어린 왕자의 아름다운 마음씨와 순수한 마음씨를 배우고 싶다.

 자기 자신보다는 남을 먼저 생각할 수 있는 그런 고운 마음씨를 가지고 싶다.

 이렇게 성실하고 아름답게 지낸다면 착한 마음씨를 지닌 훌륭한 사람이 많아질 것이다.

활어쌤 독서논술교실 **테마글쓰기 - 독후감상문 쓰기**

저　　자 : 한수지
발 행 처 : 부가
발 행 인 : 이웅현
주　　소 : 대구광역시 달서구 문화회관길 165 408호　TEL : 1577-1912
펴 낸 날 : 2024년 8월 15일
가　　격 : 10,000원

※ 이 책의 내용은 독창적인 것이므로 표절이나 복제를 불허함.
※ 특정 항목을 유사하게 변형시켜 사용할 경우에도 표절로 간주함.

■ 활어쌤 상표 등록 (제 40-2016-0026778호)
■ 활어쌤 서비스표 등록 (제 41-2016-0017090호)